Inhaltsverzeichnis

Seite	Thema
2	Wiederholung: Dividieren
3	Wiederholung: Dividieren
4	Dividieren mit Rest
5	Dividieren mit Rest
6	Schriftliches Dividieren — Einführung
7	Schriftliches Dividieren — Übungen
8	Schriftliches Dividieren — Übungen
9	Schriftliches Dividieren — Übungen
10	Schriftliches Dividieren — Ein anderer Anfang
11	Schriftliches Dividieren — Übungen
12	Schriftliches Dividieren — Auf den Anfang achten
13	Schriftliches Dividieren — Auf den Anfang achten
14	Schriftliches Dividieren — Nullen im Ergebnis
15	Schriftliches Dividieren — Übungen
16	Wahrscheinlichkeit — Glücksräder
17	Wahrscheinlichkeit — Glücksräder
18	Wahrscheinlichkeit — Glücksräder
19	Wahrscheinlichkeit — Glücksräder
20	Wahrscheinlichkeit — Glücksräder
21	Wahrscheinlichkeit — Glücksräder
22	Wahrscheinlichkeit — Kugeln ziehen
23	Wahrscheinlichkeit — Kugeln ziehen
24	Zeit — Sekunden
25	Zeit — Sekunden
26	Rauminhalt
27	Rauminhalt
28	Rauminhalt
29	Rauminhalt
30	Orientierung im Grundriss
31	Orientierung im Grundriss
32	Merkseite

Wiederholung: Dividieren

1

·	2
1	
2	
3	
4	
5	
6	
7	
8	
9	
10	

Wer malnehmen kann, kann auch teilen. Ich kann beides!

Teilen heißt auch dividieren.

a) 5 · 2 = ___, also ist 10 : 2 = ___
3 · 2 = ___, also ist 6 : 2 = ___
4 · 2 = ___, also ist 8 : 2 = ___
8 · 2 = ___, also ist 16 : 2 = ___
7 · 2 = ___, also ist 14 : 2 = ___

b) 12 : 2 = ___, denn ___ · 2 = ___
   4 : 2 = ___, denn ___ · 2 = ___
   2 : 2 = ___, denn ___ · 2 = ___
  18 : 2 = ___, denn ___ · 2 = ___
  20 : 2 = ___, denn ___ · 2 = ___

2

·	5
1	
2	
3	
4	
5	
6	
7	
8	
9	
10	

·	4
1	
2	
3	
4	
5	
6	
7	
8	
9	
10	

a) 25 : 5 = ___, denn ___ · 5 = ___
   30 : 5 = ___, denn ___ · 5 = ___
   45 : 5 = ___, denn ___ · 5 = ___
   15 : 5 = ___, denn ___ · 5 = ___
   40 : 5 = ___, denn ___ · 5 = ___

b) 8 : 4 = ___, denn ___ · 4 = ___
   16 : 4 = ___, denn ___ · 4 = ___
   28 : 4 = ___, denn ___ · 4 = ___
   36 : 4 = ___, denn ___ · 4 = ___
   40 : 4 = ___, denn ___ · 4 = ___

3 12 : 2 = ___   Wie oft passt 2 in 12?   _6_-mal, denn _6_ · 2 = _12_
15 : 5 = ___   Wie oft passt 5 in 15?   ___-mal, denn ___ · 5 = ___
20 : 4 = ___   Wie oft passt 4 in 20?   ___-mal, denn ___ · 4 = ___

1 und **2** Alle Ergebnisse der Einmaleins-Reihen in die Tabellen eintragen und gegebenenfalls für die Divisionsaufgaben nutzen. **3** Sprachmuster üben, das später beim schriftlichen Dividieren genutzt wird.

Wiederholung: Dividieren

1

·	3
1	
2	
3	
4	
5	
6	
7	
8	
9	
10	

·	6
1	
2	
3	
4	
5	
6	
7	
8	
9	
10	

·	7
1	
2	
3	
4	
5	
6	
7	
8	
9	
10	

·	8
1	
2	
3	
4	
5	
6	
7	
8	
9	
10	

·	9
1	
2	
3	
4	
5	
6	
7	
8	
9	
10	

2 21 : 3 = ___   Wie oft passt 3 in 21?   _7_-mal, denn _7_ · _3_ = ___
    18 : 6 = ___   Wie oft passt 6 in 18?   ___-mal, denn ___ · ___ = ___
    42 : 7 = ___   Wie oft passt 7 in 42?   ___-mal, denn ___ · ___ = ___
    24 : 8 = ___   Wie oft passt 8 in 24?   ___-mal, denn ___ · ___ = ___
    45 : 9 = ___   Wie oft passt 9 in 45?   ___-mal, denn ___ · ___ = ___

3 36 : 6 = ___   Wie oft passt 6 in 36?   ___-mal, denn ___ · ___ = ___
    28 : 7 = ___   Wie oft passt 7 in 28?   ___-mal, denn ___ · ___ = ___
    27 : 3 = ___   Wie oft passt 3 in 27?   ___-mal, denn ___ · ___ = ___
    72 : 9 = ___   Wie oft passt 9 in 72?   ___-mal, denn ___ · ___ = ___
    64 : 8 = ___   Wie oft passt 8 in 64?   ___-mal, denn ___ · ___ = ___

4 a) 7 : 7 = ___   b) 49 : 7 = ___   c) 40 : 8 = ___   d) 48 : 8 = ___
      21 : 7 = ___   63 : 7 = ___   56 : 8 = ___   72 : 8 = ___

5 a) 27 : 9 = ___   b) 54 : 9 = ___   c) 24 : 6 = ___   d) 48 : 6 = ___
      81 : 9 = ___   36 : 9 = ___   30 : 6 = ___   60 : 6 = ___

1 Alle Ergebnisse der Einmaleins-Reihen eintragen und gegebenenfalls für die Divisionsaufgaben nutzen.
2 und **3** Sprachmuster üben, das später beim schriftlichen Dividieren genutzt wird.

Dividieren mit Rest

1 37 : 5

37 gehört nicht zur 5er-Reihe. Es bleibt beim Dividieren also ein Rest. 35 ist die nächstkleinere Zahl der 5er-Reihe.

3 7 : 5 = ___ Rest ___

3 7 : 5 = 7 Rest
3 5 : 5 = 7

3 7 : 5 = 7 Rest 2
3 5 : 5 = 7
        2

Wie oft passt 5 in 37?

7-mal, denn:
7 · 5 = 35
Ich schreibe:
35 : 5 = 7

Von 37 subtrahiere ich 35:
37 − 35 = 2
2 bleiben übrig.
Das ist der Rest, der sich nicht mehr durch 5 teilen lässt.

2 Dividiere durch 5. Suche dazu zuerst die nächstkleinere Zahl in der 5er-Reihe. Die Tabelle kann dir helfen.

·	5
1	5
2	10
3	15
4	20
5	25
6	30
7	35
8	40
9	45
10	50

a) 3 8 : 5 = 7 Rest ___
   3 5 : 5 = 7

b) 3 9 : 5 = ___ Rest ___

c) 2 2 : 5 = ___ Rest ___

d) 4 1 : 5 = ___ Rest ___

3 Dividiere durch 4. Die Tabelle der 4er-Reihe kann dir helfen.

·	4
1	4
2	8
3	12
4	16
5	20
6	24
7	28
8	32
9	36
10	40

a) 9 : 4 = ___ Rest ___

b) 1 8 : 4 = ___ Rest ___

c) 2 3 : 4 = ___ Rest ___

d) 3 3 : 4 = ___ Rest ___

1 bis **3** In der jeweiligen Einmaleins-Tabelle die nächstkleinere Zahl der Reihe zur Division nutzen. Fachbegriffe und deren Bedeutung können auf der Merkseite 32 nachgeschlagen werden.

Dividieren mit Rest

1 Dividiere durch 3.
Die Tabelle der 3er-Reihe kann dir helfen.

a) 11 : 3 = ___ Rest ___

b) 7 : 3 = ___ Rest ___

c) 23 : 3 = ___ Rest ___

d) 28 : 3 = ___ Rest ___

·	3
1	3
2	6
3	9
4	12
5	15
6	18
7	21
8	24
9	27
10	30

Schreibe ab jetzt immer „R" statt „Rest"!

2 Dividiere durch 7.
Die Tabelle der 7er-Reihe kann dir helfen.

a) 38 : 7 = 5 R ___
35 : 7 = 5

b) 40 : 7 = ___ R ___

c) 18 : 7 =

d) 27 : 7 =

·	7
1	7
2	14
3	21
4	28
5	35
6	42
7	49
8	56
9	63
10	70

3 Dividiere durch 9.
Die Tabelle der 9er-Reihe kann dir helfen.

a) 25 : 9 =

b) 31 : 9 =

c) 41 : 9 =

d) 80 : 9 =

·	9
1	9
2	18
3	27
4	36
5	45
6	54
7	63
8	72
9	81
10	90

1 bis **3** In der jeweiligen Einmaleins-Tabelle die nächstkleinere Zahl der Reihe zur Division nutzen.

Schriftliches Dividieren — Einführung

1 738 : 3

·	3
1	3
2	6
3	9
4	12
5	15
6	18
7	21
8	24
9	27
10	30

① 738 : 3 =

Ich kann die Hunderterstelle teilen. Deshalb hat das Ergebnis auch drei Stellen. Also male ich jeweils **drei Punkte**.

② Zuerst die Hunderter dividieren.

738 : 3 = 2

Wie oft passt 3 in 7? 2-mal. Ich schreibe 2, ...

③ Dann multiplizieren und subtrahieren.

738 : 3 = 2
6
1

... denn: 2 · 3 = 6
Ich schreibe 6 unter die 7.
7 H – 6 H = 1 H

④ Dann die Zehner nach unten holen und dividieren.

738 : 3 = 24
6↓
13

Ich hole 3 Zehner nach unten. Wie oft passt 3 in 13? 4-mal. Ich schreibe 4, ...

⑤ Wieder multiplizieren und subtrahieren.

738 : 3 = 24
6↓
13
12
 1

... denn: 4 · 3 = 12
Ich schreibe 12 unter die 13.
13 Z – 12 Z = 1 Z

⑥ Zuletzt die Einer nach unten holen und dividieren.

738 : 3 = 246
6↓
13
12↓
 18
 18
  0

Ich hole 8 Einer nach unten. Wie oft passt 3 in 18? 6-mal. Ich schreibe 6, denn: 6 · 3 = 18
18 E – 18 E = 0 E

Fertig! 738 : 3 = 246

2 a) 834 : 3 =

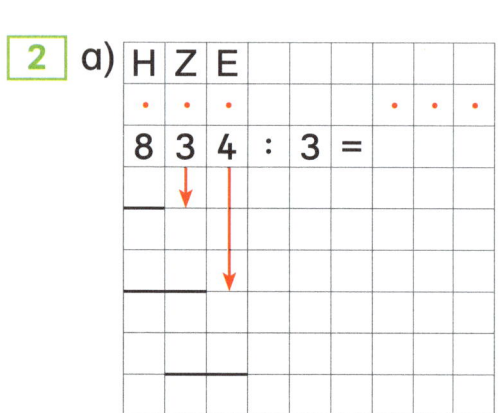

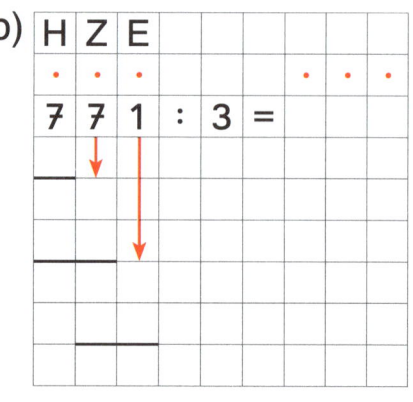

Ich kann die Hunderterstelle teilen. Deshalb ...

Lisa

b) 771 : 3 =

1 Erklären, wie Zahlix schriftlich dividiert. **2** Dabei sprechen wie Zahlix in Aufgabe 1.
Fachbegriffe und deren Bedeutung können auf der Merkseite 32 nachgeschlagen werden.

Schriftliches Dividieren — Übungen

1 Dividiere durch 4.
Die Tabelle der 4er-Reihe kann dir helfen.

·	4
1	4
2	8
3	12
4	16
5	20
6	24
7	28
8	32
9	36
10	40

a) 732 : 4 =

b) 524 : 4 =

c) 692 : 4 =

d) 876 : 4 =

131
173
183
209
219

2 a) 916 : 4 =

b) 572 : 4 =

c) 456 : 4 =

d) 972 : 4 =

114
143
209
229
243

1 und **2** Selbstkontrolle: Blaue Lösungszahlen durchstreichen. Eine Zahl bleibt übrig.

Schriftliches Dividieren — Übungen

1 Die Hunderterstelle kann man teilen.
Deshalb hat auch das Ergebnis drei Stellen. Male jeweils drei Punkte.

a) 992 : 8 =

b) 936 : 8 =

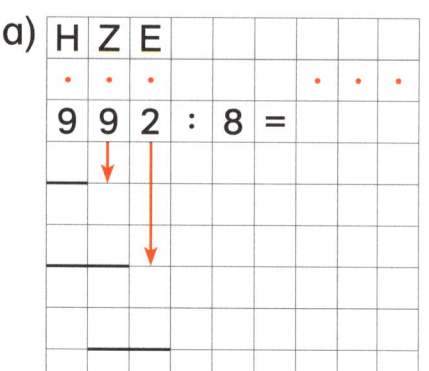

·	8
1	8
2	16
3	24
4	32
5	40
6	48
7	56
8	64
9	72
10	80

c) 984 : 8 =

d) 896 : 8 =

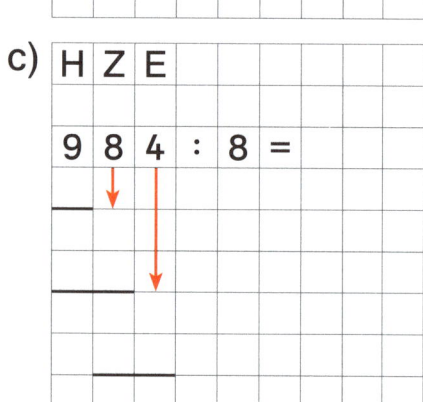
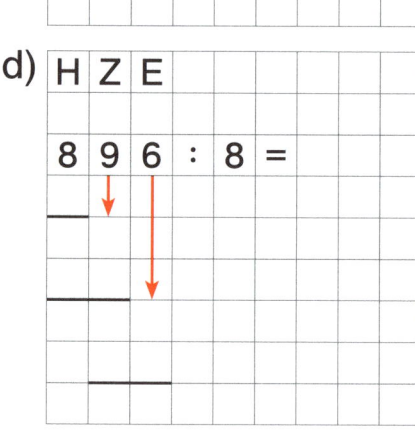

112
117
122
123
124

2 Die Tausenderstelle kann man teilen. Wie viele Punkte malst du?

a) 9872 : 8 =

b) 9312 : 8 =

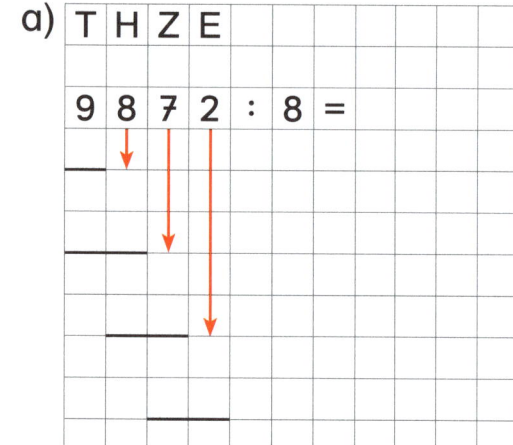
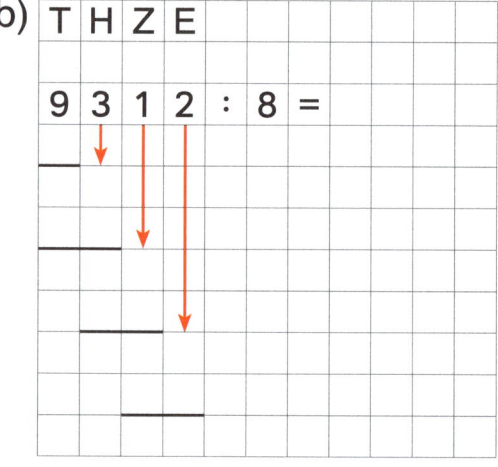

c) 8984 : 8 =

d) 9992 : 8 =

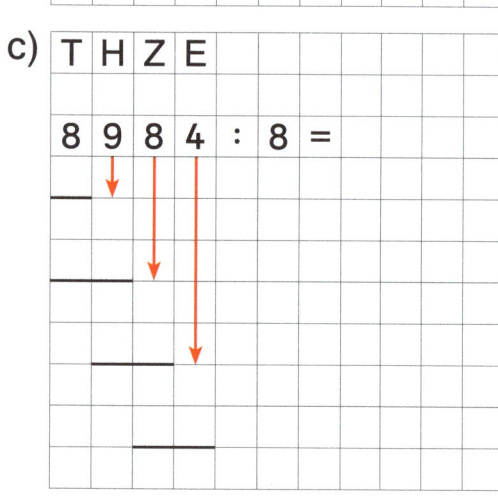
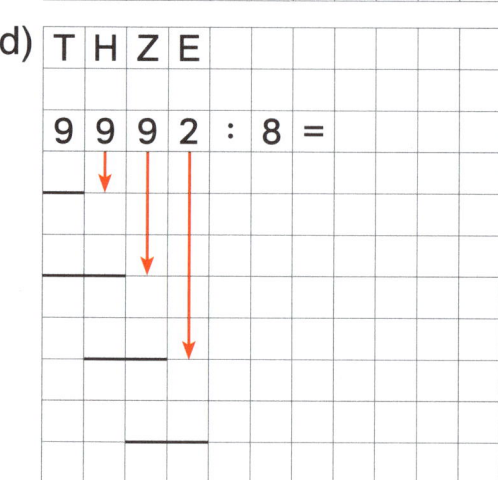

1 123
1 134
1 164
1 234
1 249

1 und **2** Selbstkontrolle: Blaue Lösungszahlen durchstreichen. Eine Zahl bleibt übrig.

Schriftliches Dividieren — Übungen

1

a)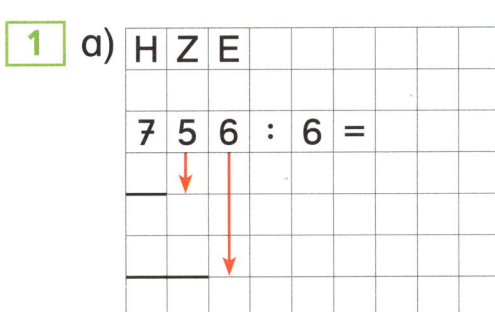

b)
```
H Z E
7 9 2 : 6 =
```

c)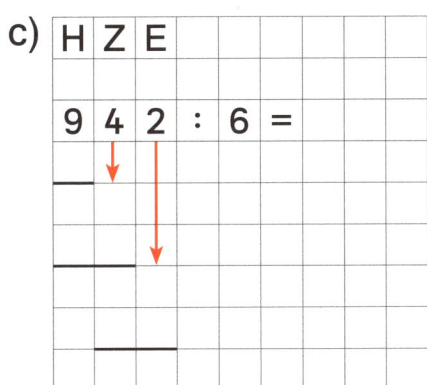

d)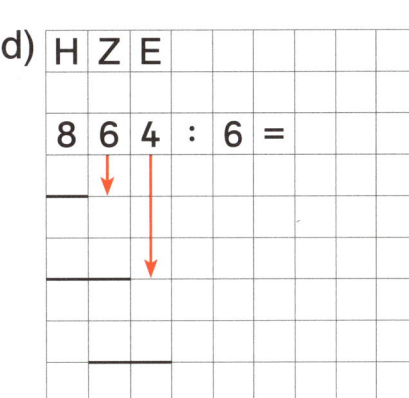

·	6
1	6
2	12
3	18
4	24
5	30
6	36
7	42
8	48
9	54
10	60

126
132
144
154
157

2

a)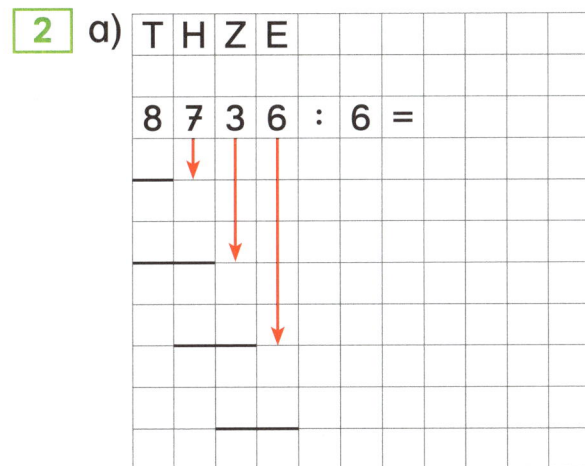

b)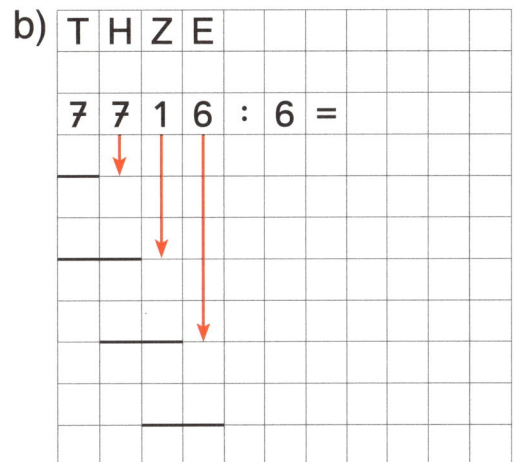

c)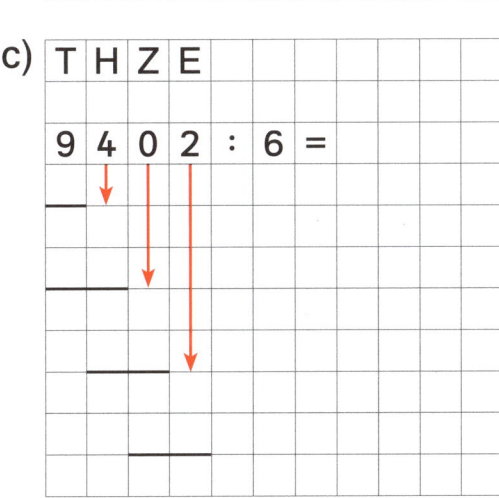

d)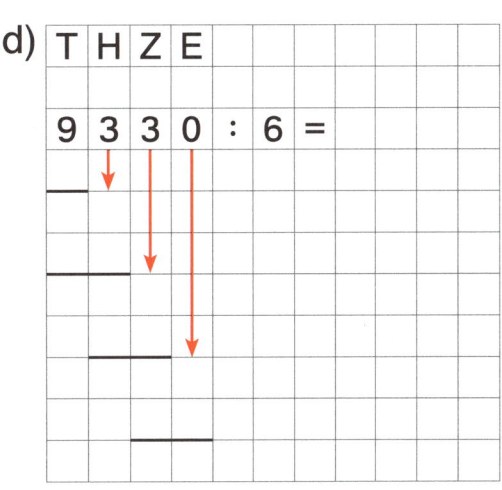

1 286
1 456
1 485
1 555
1 567

1 und **2** Selbstkontrolle: Blaue Lösungszahlen durchstreichen. Eine Zahl bleibt übrig.

Schriftliches Dividieren — Ein anderer Anfang

1   2832 : 3

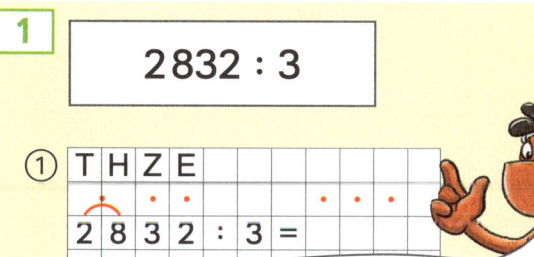

Ich kann die Tausenderstelle **nicht** teilen. Ich fasse die ersten beiden Stellen zusammen. Es sind 28 H, die ich teilen kann. Deshalb hat das Ergebnis *drei Stellen*.

② Zuerst die Hunderter dividieren.

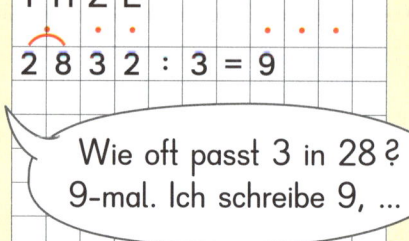

Wie oft passt 3 in 28? 9-mal. Ich schreibe 9, ...

·	3
1	3
2	6
3	9
4	12
5	15
6	18
7	21
8	24
9	27
10	30

③ Dann multiplizieren und subtrahieren.

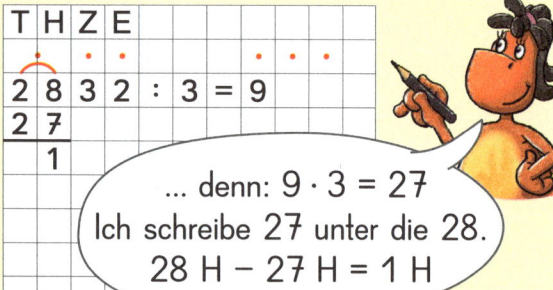

... denn: $9 \cdot 3 = 27$
Ich schreibe 27 unter die 28.
28 H − 27 H = 1 H

④ Dann die Zehner nach unten holen und dividieren.

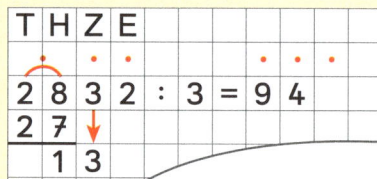

Ich hole 3 Zehner nach unten. Wie oft passt 3 in 13? 4-mal. Ich schreibe 4, ...

⑤ Wieder multiplizieren und subtrahieren.

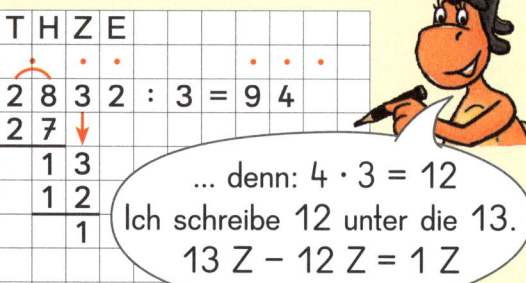

... denn: $4 \cdot 3 = 12$
Ich schreibe 12 unter die 13.
13 Z − 12 Z = 1 Z

⑥ Zuletzt die Einer nach unten holen und dividieren.

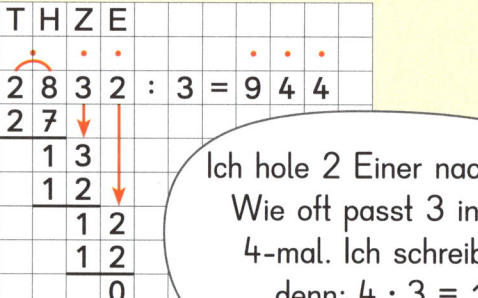

Ich hole 2 Einer nach unten. Wie oft passt 3 in 12? 4-mal. Ich schreibe 4, denn: $4 \cdot 3 = 12$
12 E − 12 E = 0 E

Fertig! 2832 : 3 = 944

2

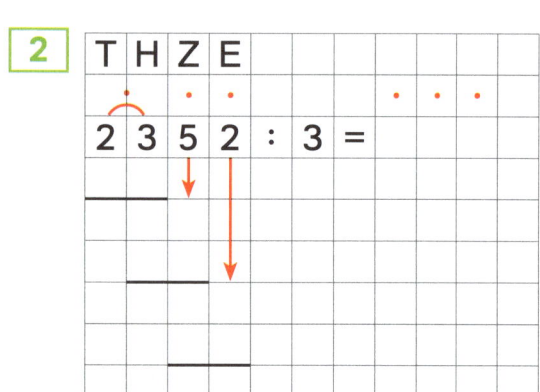

Ich kann die Tausenderstelle nicht teilen. Ich fasse ...

Jonas

1 Erklären, wie Zahline schriftlich dividiert. **2** Dabei sprechen wie Zahline in Aufgabe 1. Fachbegriffe und deren Bedeutung können auf der Merkseite 32 nachgeschlagen werden.

Schriftliches Dividieren — Übungen

1

a)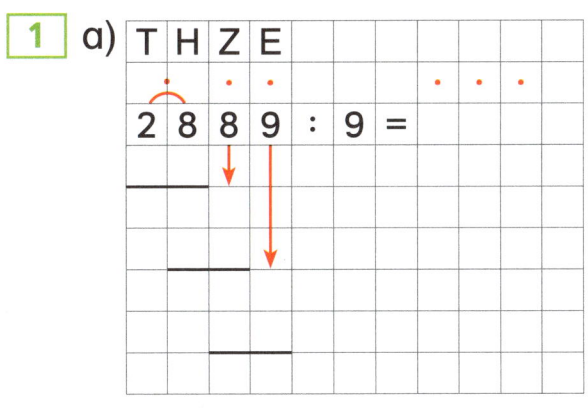

b)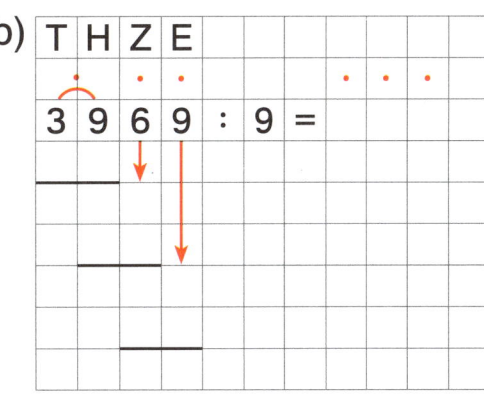

c)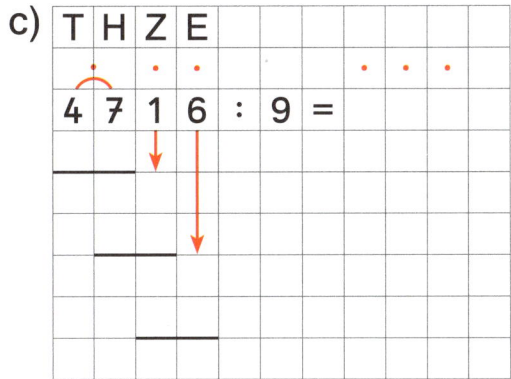

d)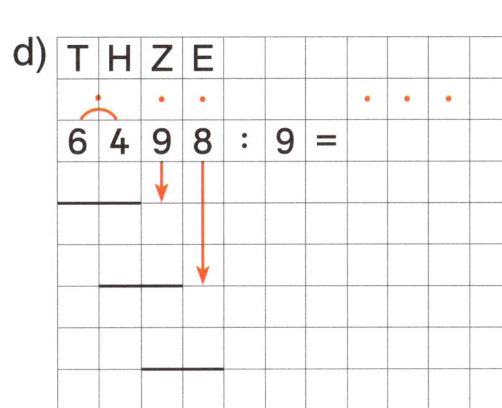

·	9
1	9
2	18
3	27
4	36
5	45
6	54
7	63
8	72
9	81
10	90

321
441
524
722
724

2

a)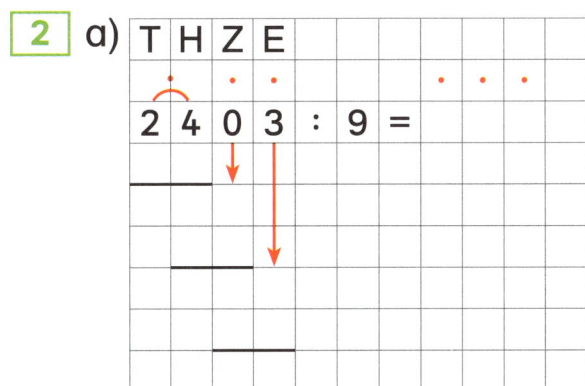

b)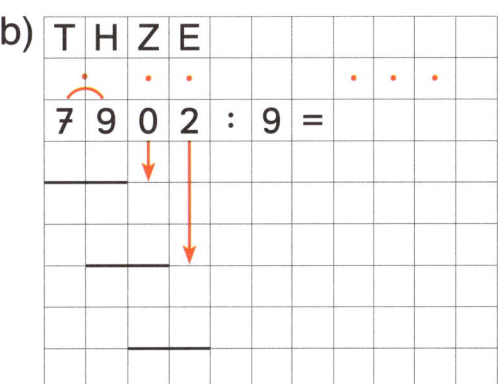

c)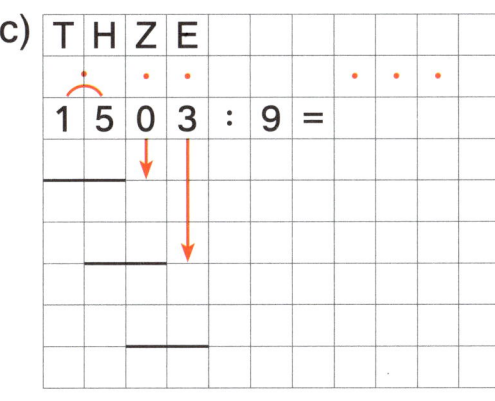

d)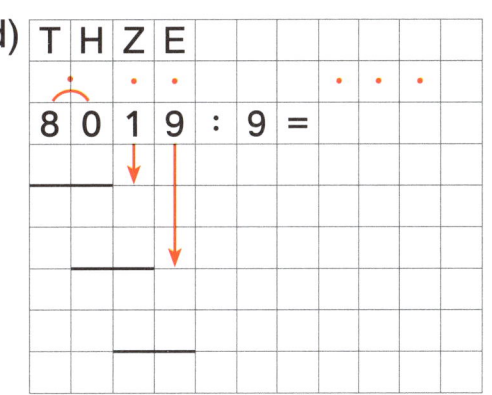

167
267
878
881
891

1 und **2** Selbstkontrolle: Blaue Lösungszahlen durchstreichen. Eine Zahl bleibt übrig.

Schriftliches Dividieren — Auf den Anfang achten

1 Entscheide zuerst, ob man die erste Stelle teilen kann.
Sonst fasse zusammen.

a)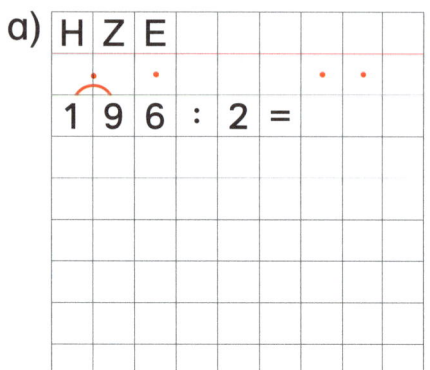

b) H Z E
538 : 2 =

·	2
1	2
2	4
3	6
4	8
5	10
6	12
7	14
8	16
9	18
10	20

c) H Z E
678 : 2 =

d) H Z E
156 : 2 =

78
98
269
339
369

2 a) T H Z E
7532 : 2 =

b)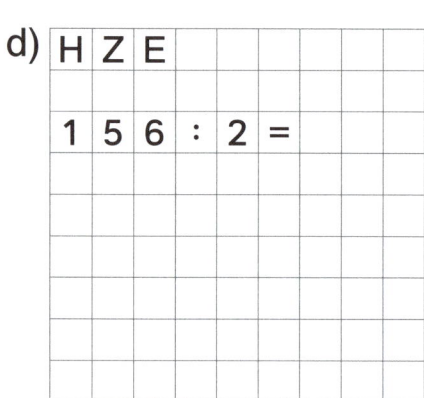

c)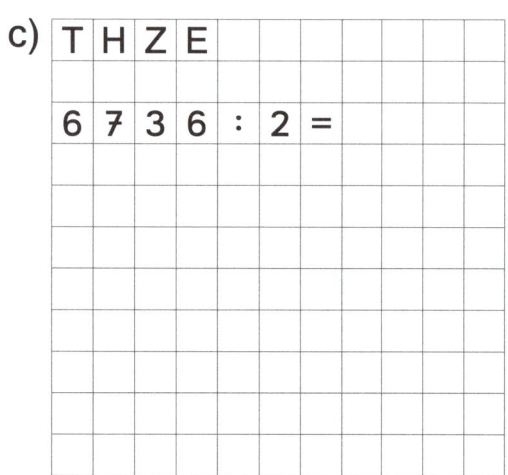

d)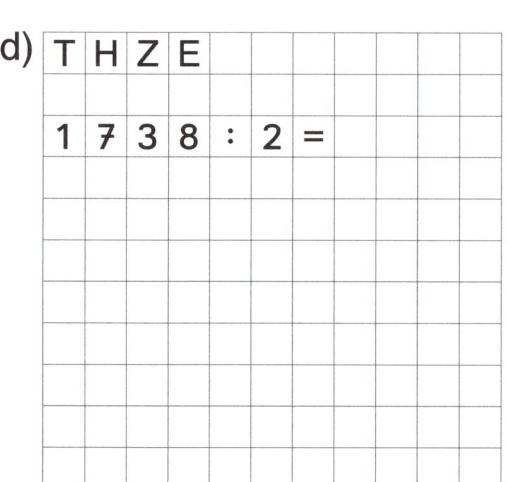

787
869
887
3368
3766

1 und 2 Selbstkontrolle: Blaue Lösungszahlen durchstreichen. Eine Zahl bleibt übrig.

Schriftliches Dividieren — Auf den Anfang achten

1
a) H Z E
5 1 8 : 7 =

b) H Z E
8 9 6 : 7 =

c) H Z E
4 8 3 : 7 =

d) H Z E
7 8 4 : 7 =

·	7
1	7
2	14
3	21
4	28
5	35
6	42
7	49
8	56
9	63
10	70

69
74
112
118
128

2
a) T H Z E
7 9 4 5 : 7 =

b) T H Z E
8 1 3 4 : 7 =

c) T H Z E
3 8 2 2 : 7 =

d) T H Z E
4 6 5 5 : 7 =

546
665
775
1 135
1 162

1 und **2** Selbstkontrolle: Blaue Lösungszahlen durchstreichen. Eine Zahl bleibt übrig.

Schriftliches Dividieren — Nullen im Ergebnis

1 Zahlix rechnet 7535 : 5. Dabei stößt er auf ein Problem.

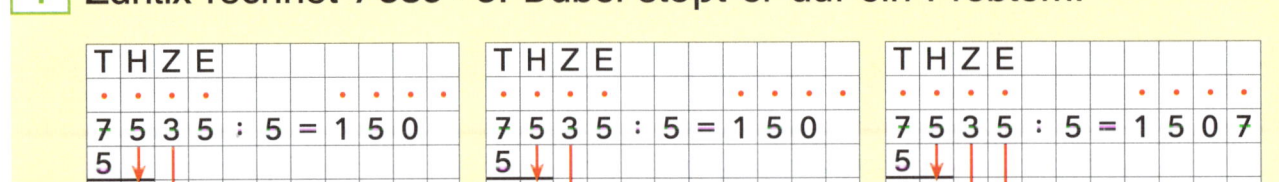

Wie oft passt 5 in 3? 0-mal. Ich schreibe 0, ...

... denn: 0 · 5 = 0
Ich schreibe 0 unter die 3.
3 Z − 0 Z = 3 Z

Ich hole 5 Einer nach unten. Wie oft passt 5 in 35? 7-mal. Ich schreibe 7.
35 E − 35 E = 0 E

Fertig! 7535 : 5 = 1507

2 Manchmal gibt es Nullen im Ergebnis.

a) 4525 : 5 =

b) 6545 : 5 =

·	5
1	5
2	10
3	15
4	20
5	25
6	30
7	35
8	40
9	45
10	50

c) 3545 : 5 =

d) 4020 : 5 =

709
804
805
905
1309

2 Selbstkontrolle: Blaue Lösungszahlen durchstreichen. Eine Zahl bleibt übrig.

Schriftliches Dividieren — Übungen

1 a) 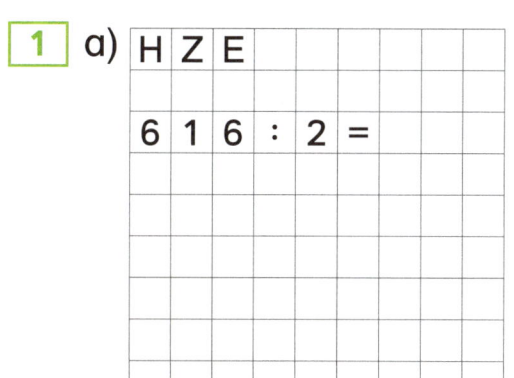 b)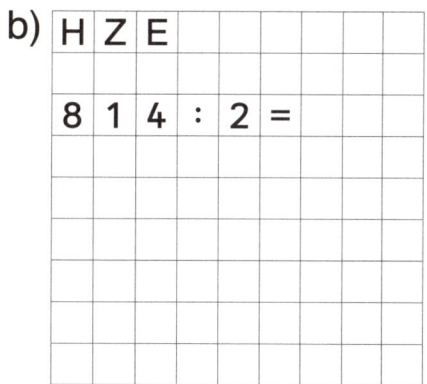

108
308
407

2 a) 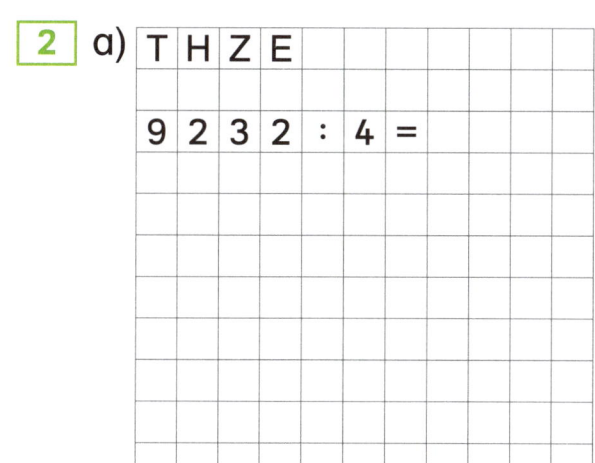 b)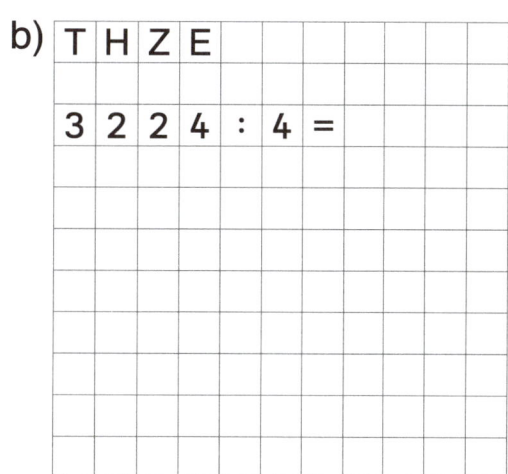

806
2058
2308

3 a) 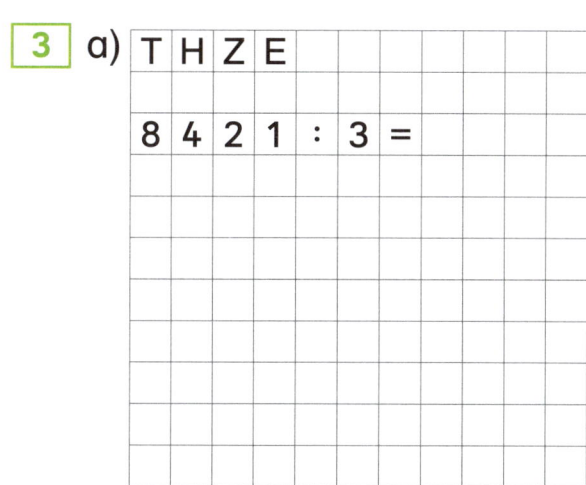 b)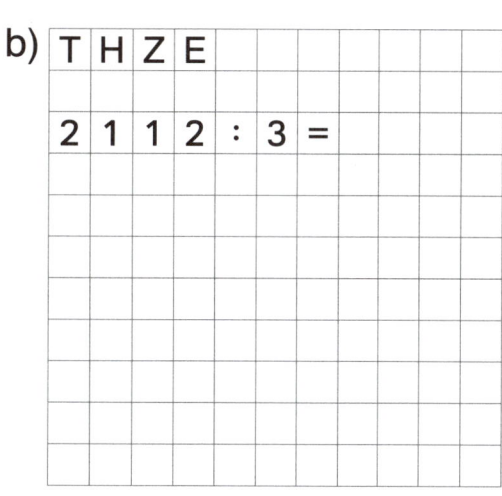

704
804
2807

4 a) 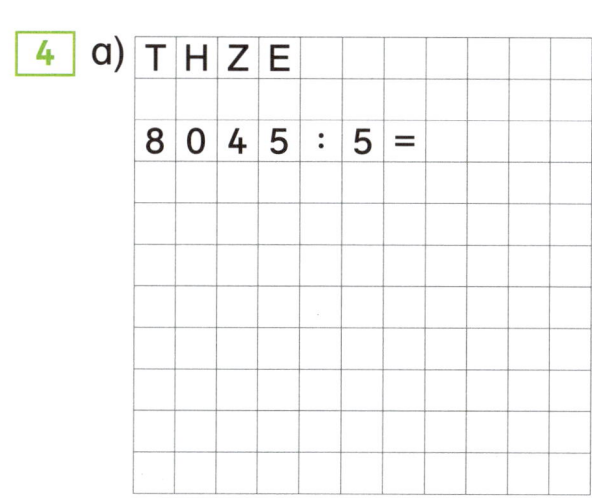 b)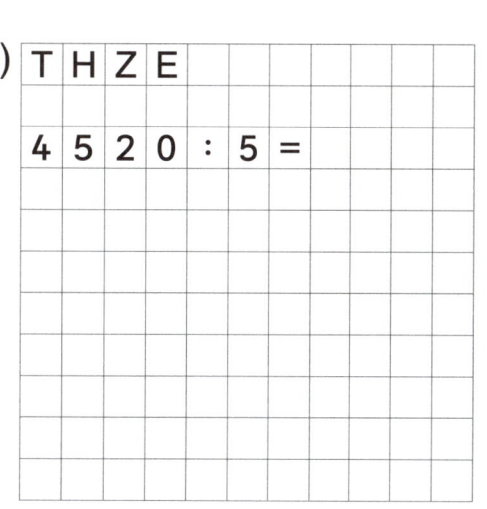

604
904
1609

1 bis 4 Selbstkontrolle: Blaue Lösungszahlen durchstreichen. Eine Zahl bleibt übrig.

Wahrscheinlichkeit — Glücksräder

1 Glücksräder! Erkläre bei jedem Glücksrad, warum es unmöglich, möglich oder sicher ist, dass Rot gewinnt.

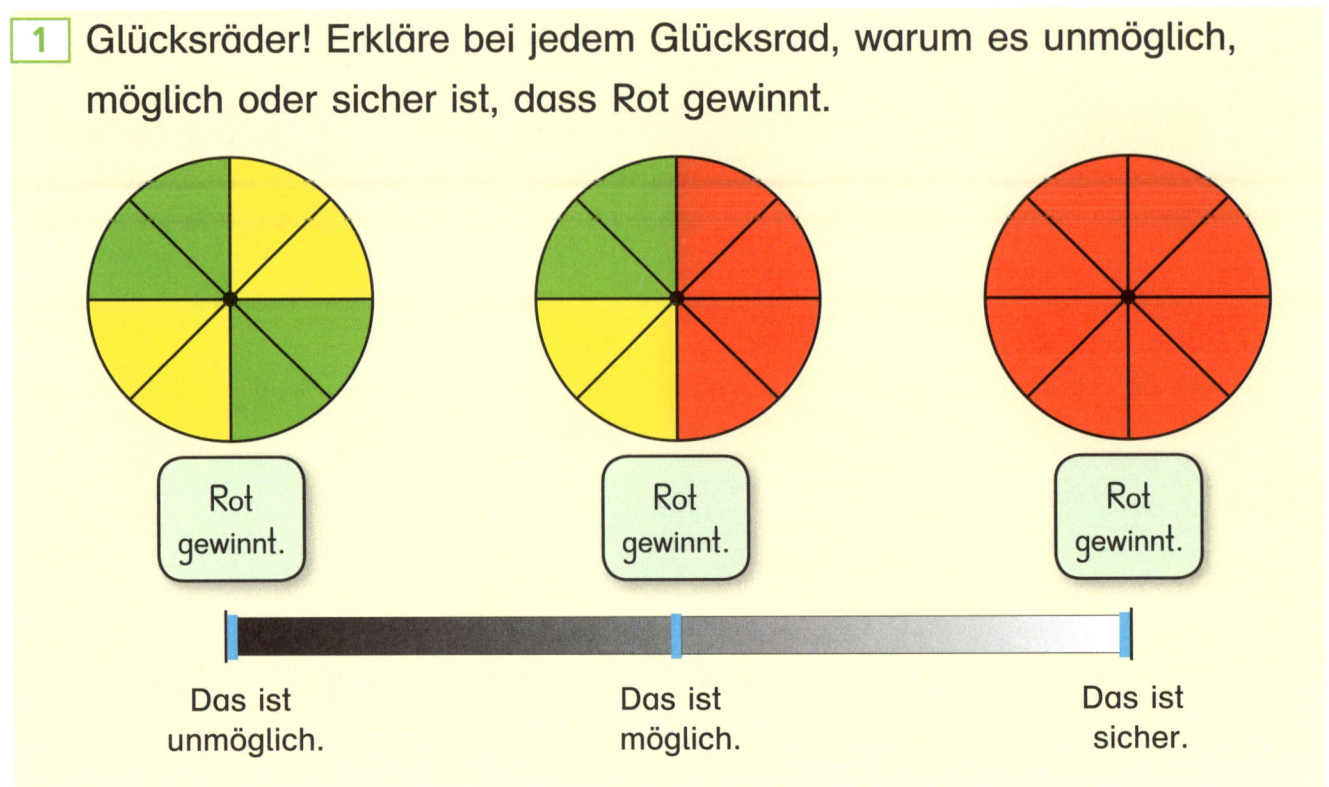

2 Kreuze an, was zu dem Glücksrad und der Aussage auf der Karte passt.

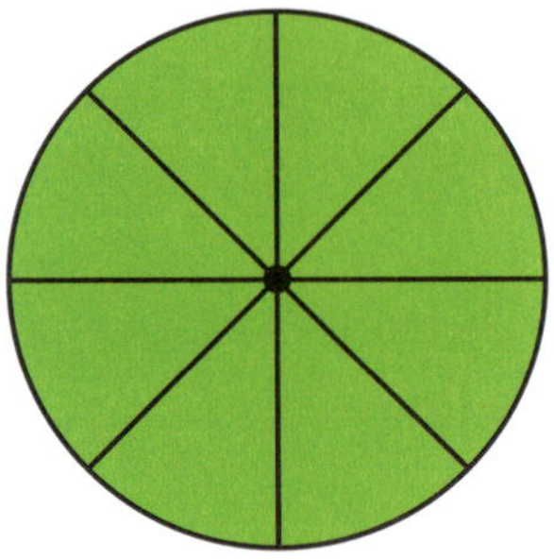

a) Grün gewinnt.
☐ Das ist unmöglich.
☐ Das ist möglich.
☐ Das ist sicher.

b) Gelb gewinnt.
☐ Das ist unmöglich.
☐ Das ist möglich.
☐ Das ist sicher.

3

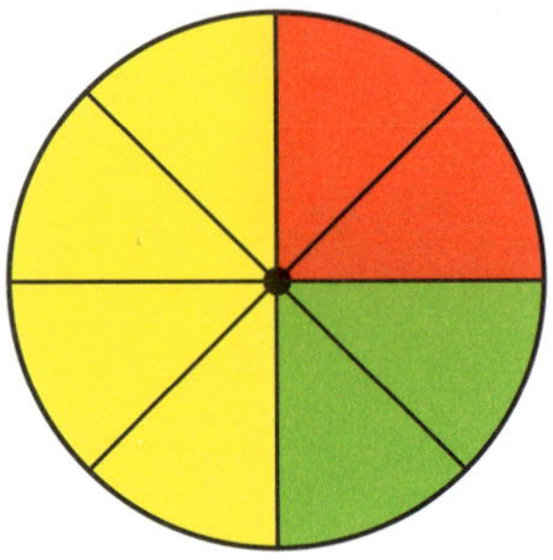

a) Blau gewinnt.
☐ Das ist unmöglich.
☐ Das ist möglich.
☐ Das ist sicher.

b) Gelb gewinnt.
☐ Das ist unmöglich.
☐ Das ist möglich.
☐ Das ist sicher.

1 Die Anzahl der roten Felder ist entscheidend (keine/einige/alle).
2 und **3** Die Entscheidung begründen lassen.

Wahrscheinlichkeit — Glücksräder

Kreuze an, was zu dem Glücksrad und der Aussage auf der Karte passt.

1

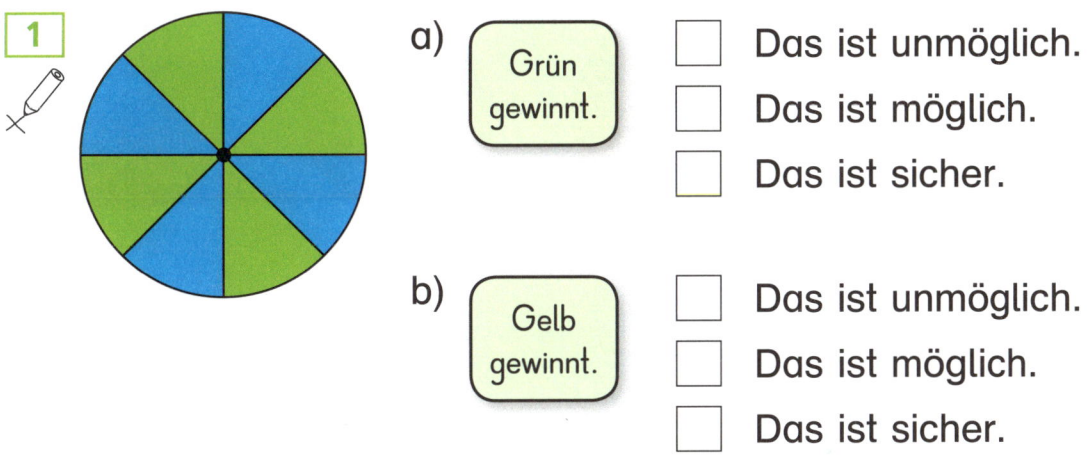

a) Grün gewinnt.
- ☐ Das ist unmöglich.
- ☐ Das ist möglich.
- ☐ Das ist sicher.

b) Gelb gewinnt.
- ☐ Das ist unmöglich.
- ☐ Das ist möglich.
- ☐ Das ist sicher.

2

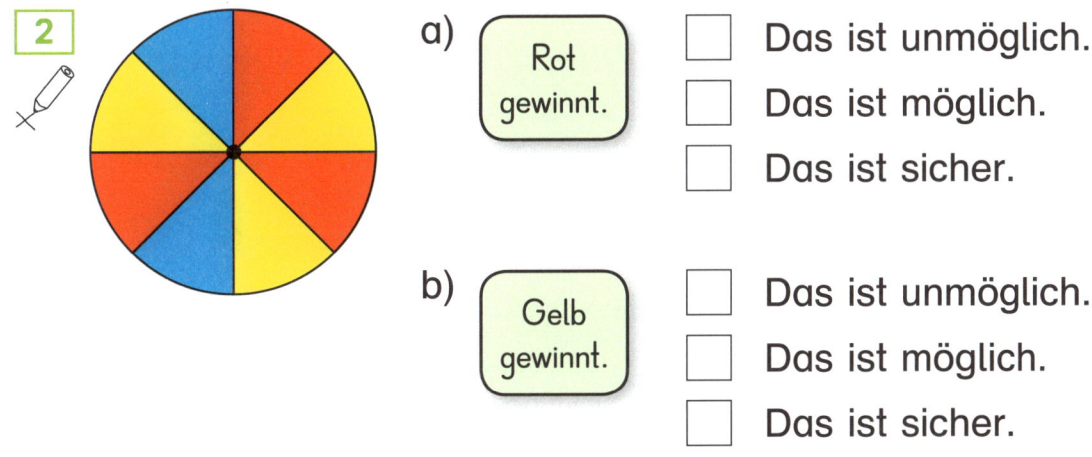

a) Rot gewinnt.
- ☐ Das ist unmöglich.
- ☐ Das ist möglich.
- ☐ Das ist sicher.

b) Gelb gewinnt.
- ☐ Das ist unmöglich.
- ☐ Das ist möglich.
- ☐ Das ist sicher.

3

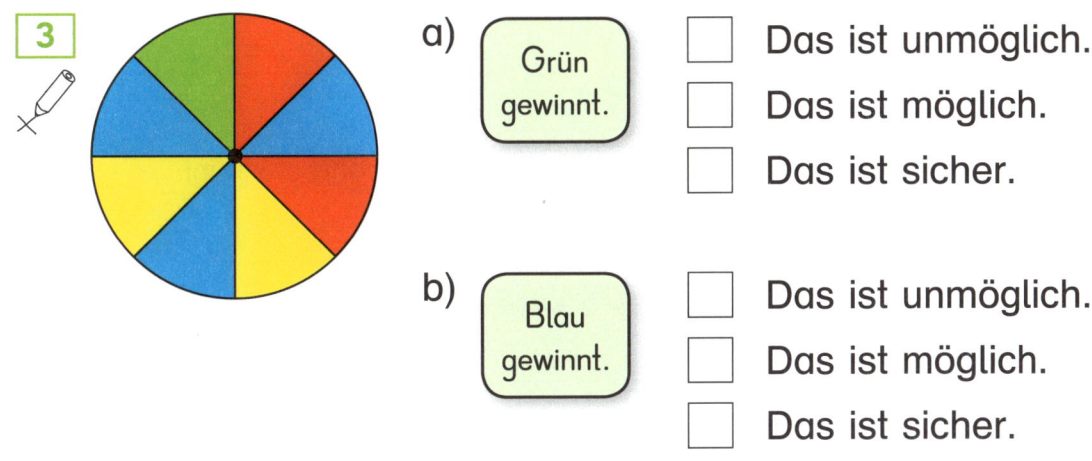

a) Grün gewinnt.
- ☐ Das ist unmöglich.
- ☐ Das ist möglich.
- ☐ Das ist sicher.

b) Blau gewinnt.
- ☐ Das ist unmöglich.
- ☐ Das ist möglich.
- ☐ Das ist sicher.

1 bis 3 Die Entscheidung begründen lassen.

Wahrscheinlichkeit — Glücksräder

1 Bei allen Glücksräder ist es möglich, dass Rot gewinnt.

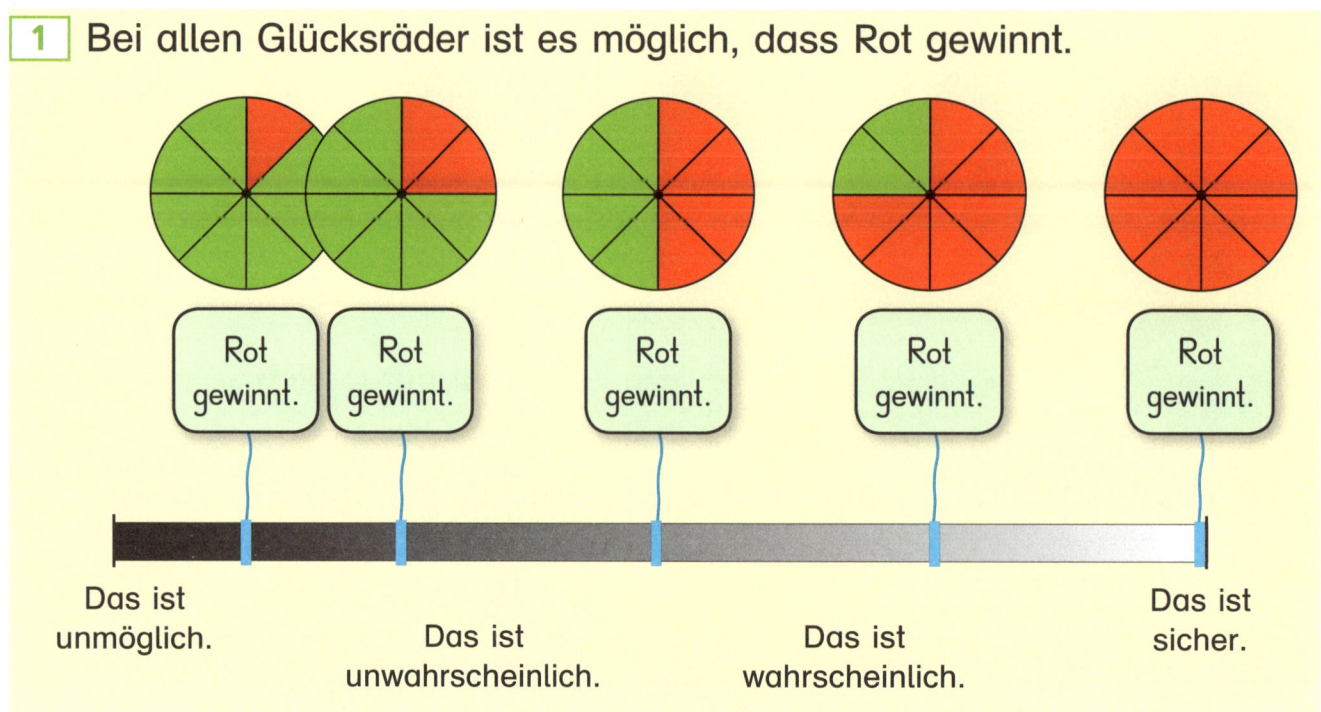

2 Rot gewinnt. Wie wahrscheinlich ist es? Entscheide.

✎ Kreuze immer nur ein Feld für die Wahrscheinlichkeit von Rot an.

a)

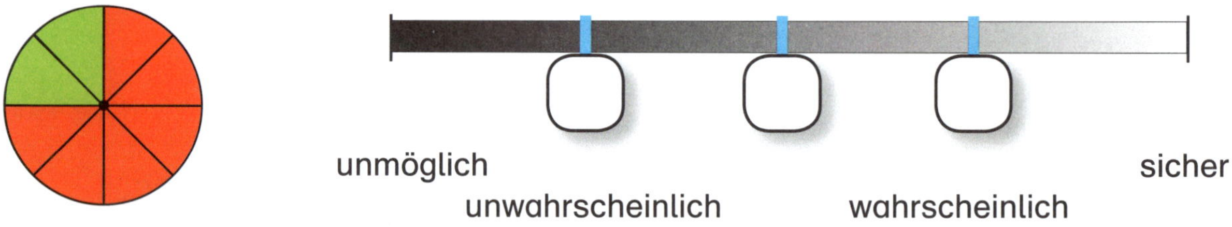

b)

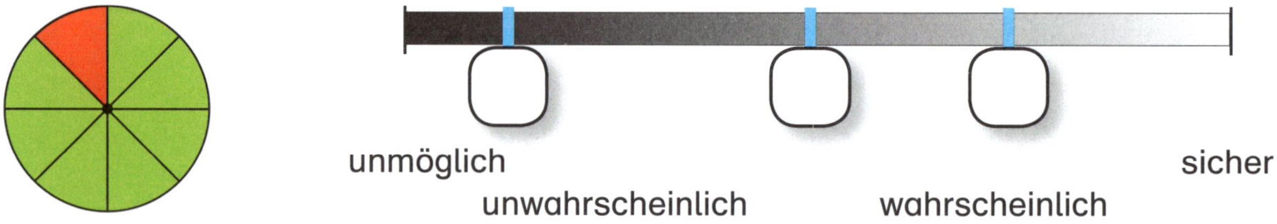

c)

d)

unmöglich — unwahrscheinlich — wahrscheinlich — sicher

2 Die Entscheidung begründen lassen.

Wahrscheinlichkeit — Glücksräder

19

Sortiere die Karten auf dem Wahrscheinlichkeitsstreifen ein.

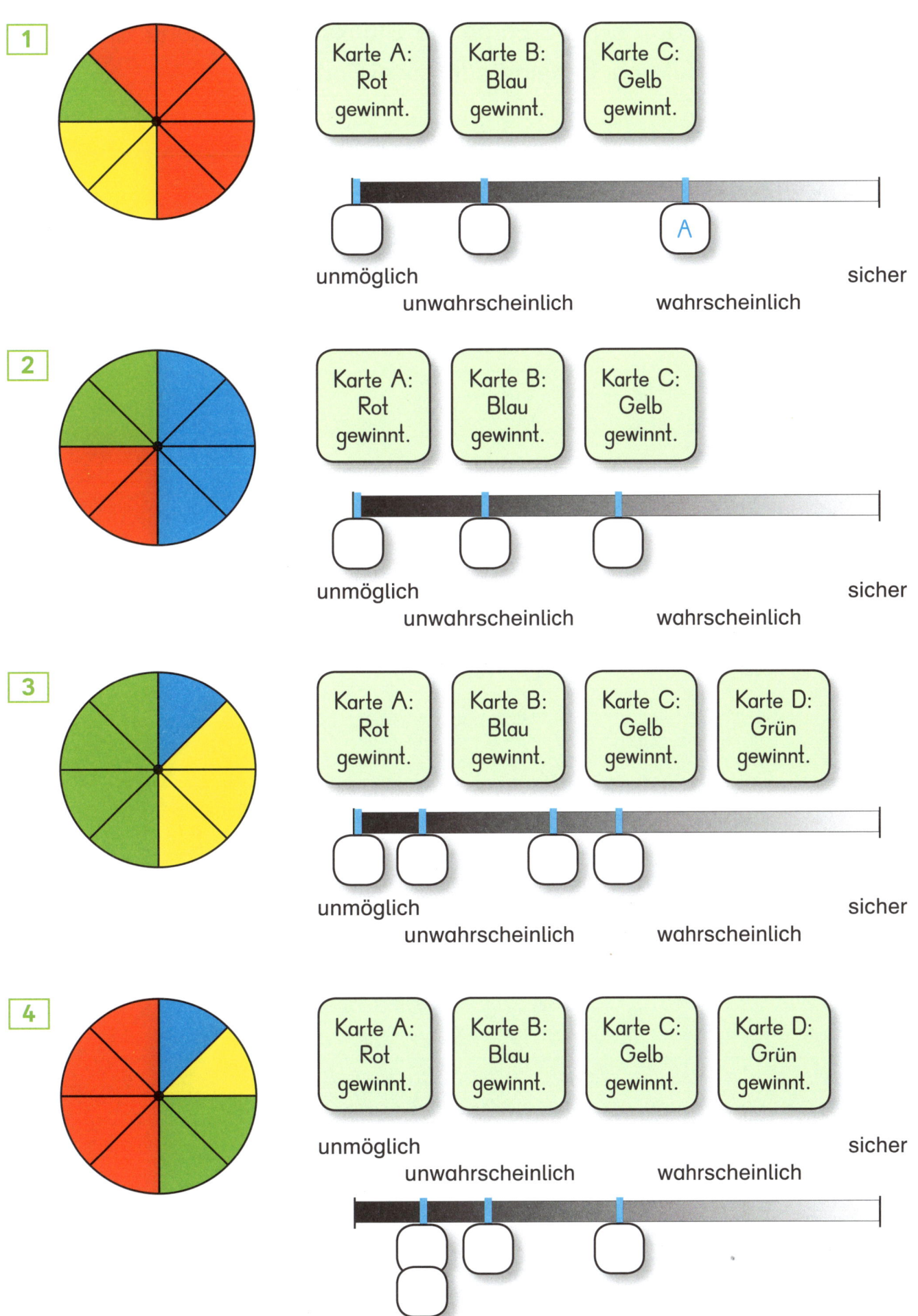

Wahrscheinlichkeit — Glücksräder

Karte B: Blau gewinnt.

Blau gewinnt. Färbe die Glücksräder passend ein. Nutze dabei eine oder zwei Farben.

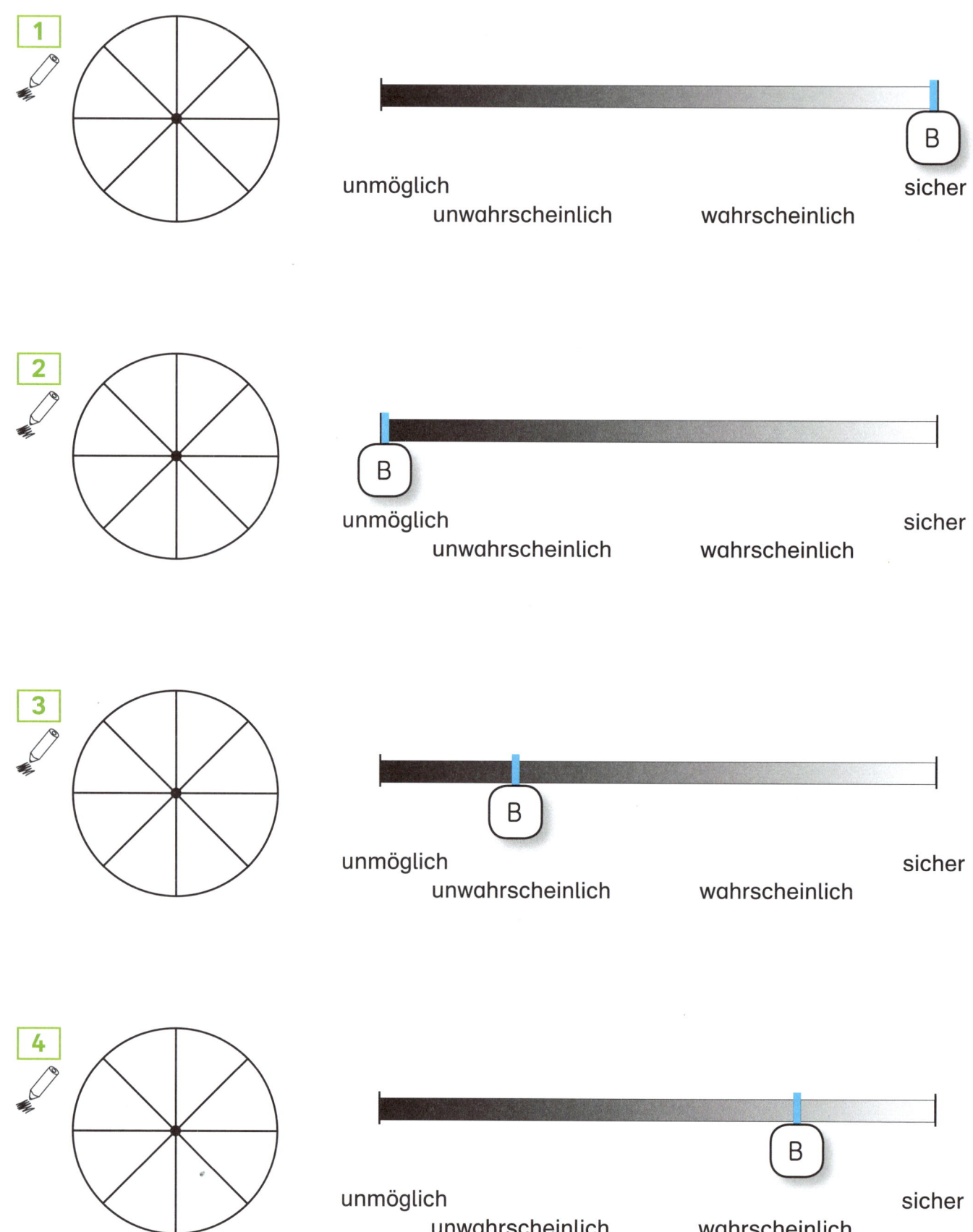

1 bis 4 Die Entscheidungen begründen lassen. Die Anzahl der blauen Felder im Glücksrad ist entscheidend (alle/keine/wenige/viele).

Wahrscheinlichkeit — Glücksräder

Färbe die Glücksräder passend ein. Nutze die Farben Rot und Blau.

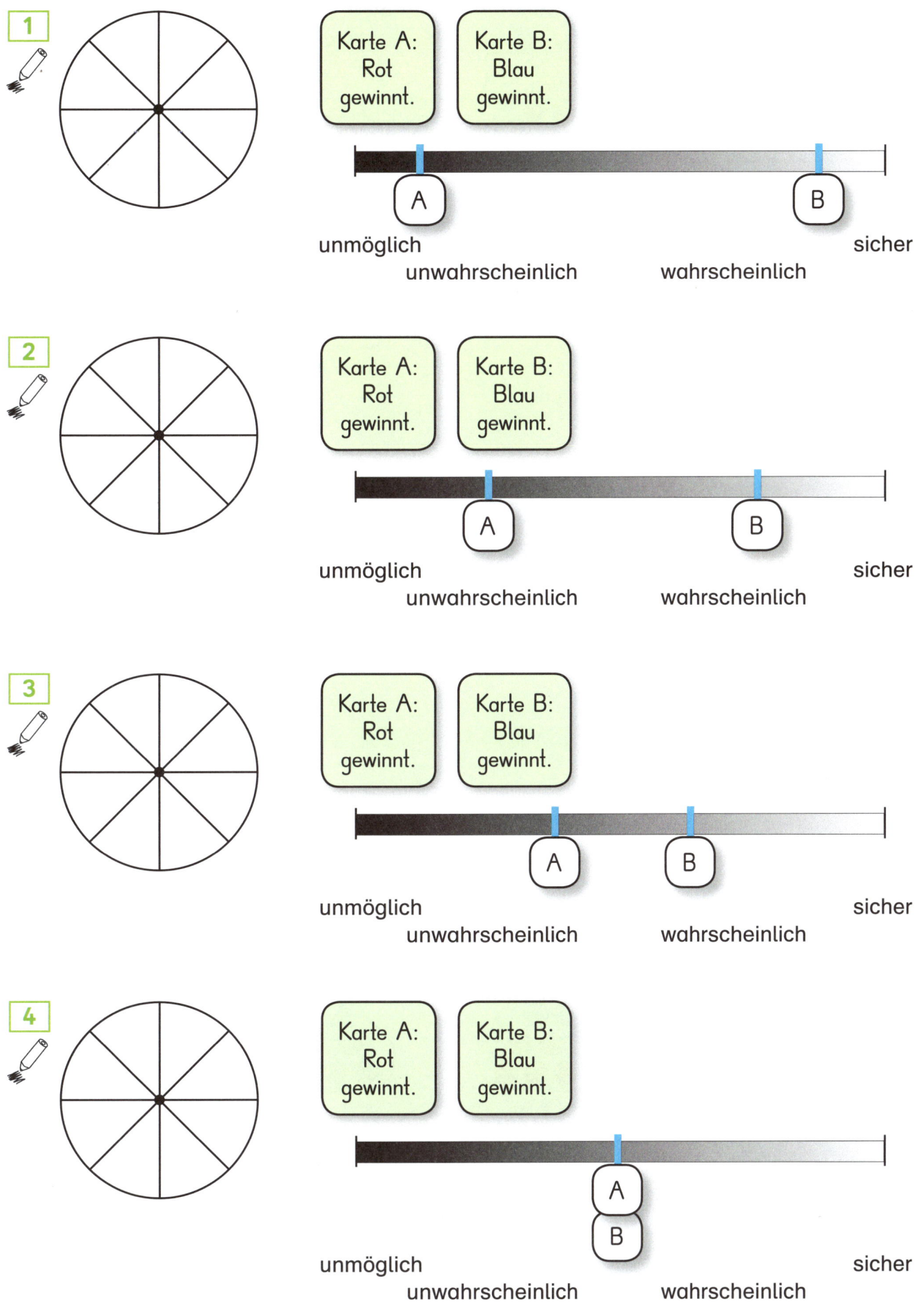

1 bis 4 Die Anzahl der Felder innerhalb der Glücksräder ist entscheidend, nicht deren Anordnung.

Wahrscheinlichkeit — Kugeln ziehen

1 Du gewinnst, wenn du eine rote Kugel aus dem Beutel ziehst.
Verbinde passend und trage den richtigen Buchstaben ein.

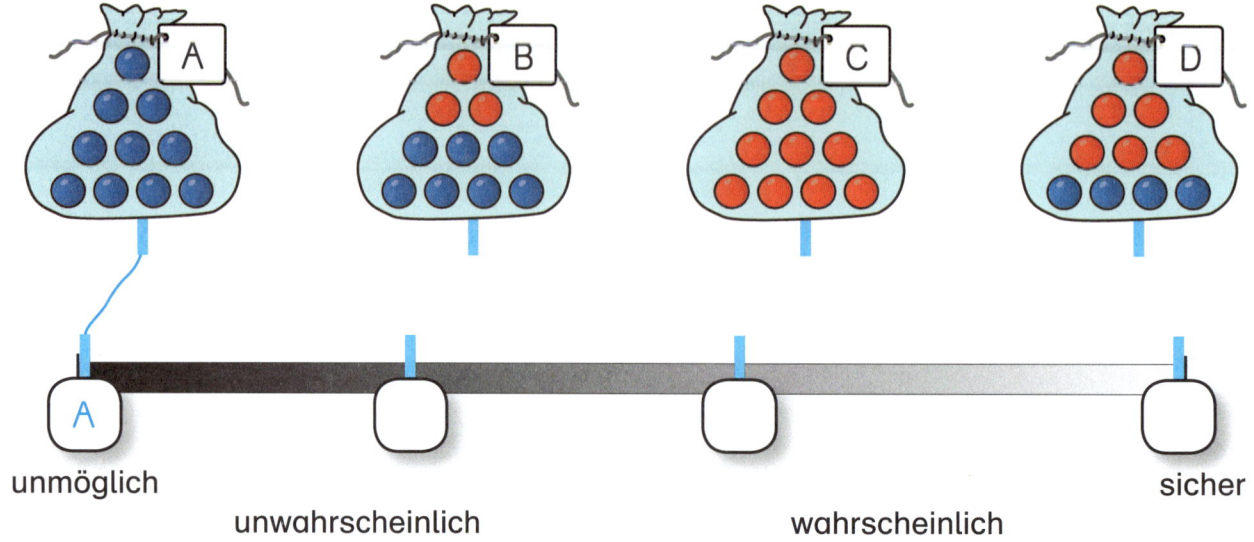

2 Rot gewinnt!

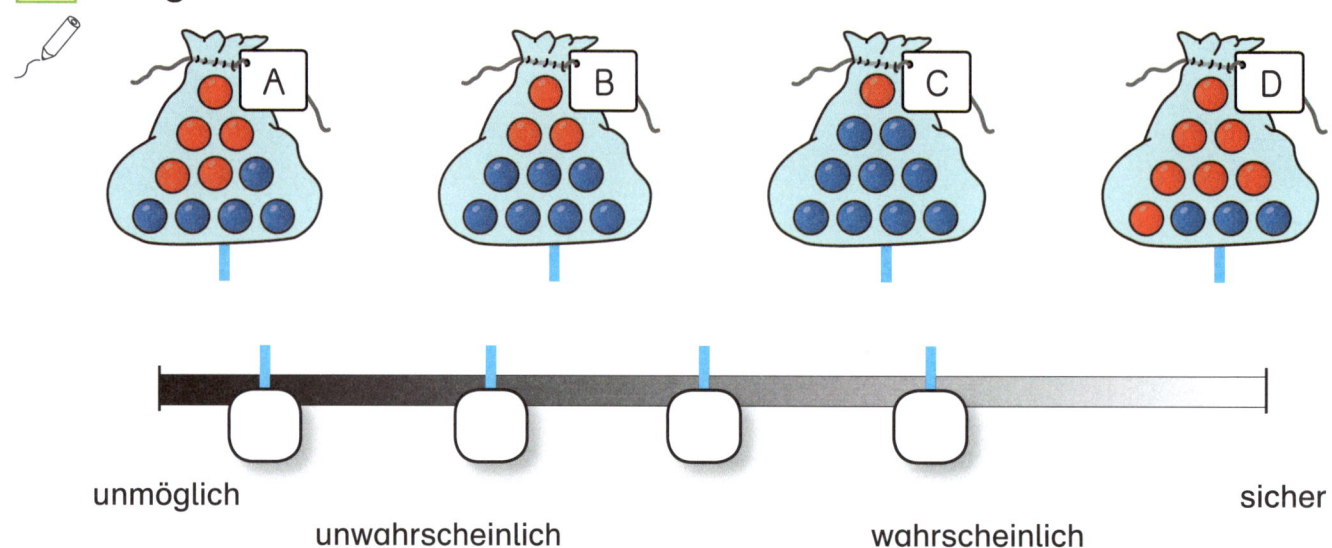

3 Blau gewinnt!

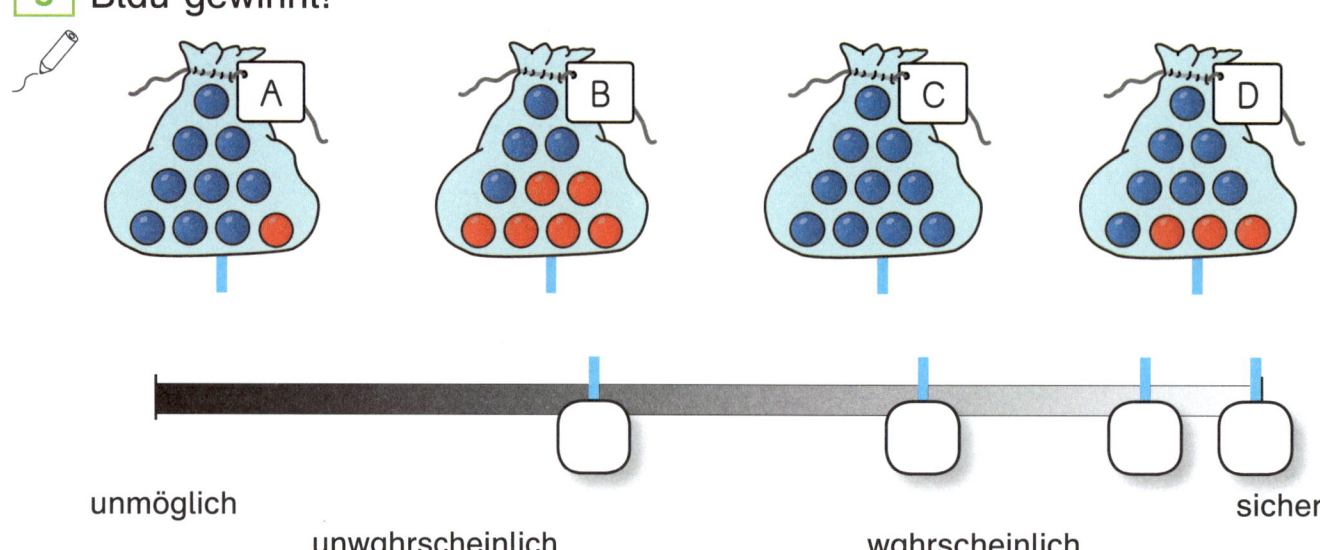

1 bis **3** Entscheidungen begründen lassen. Die Anzahl der roten bzw. blauen Kugeln im Beutel ist entscheidend (alle / keine / wenige / viele).

Wahrscheinlichkeit — Kugeln ziehen

1  Das ist deine Gewinnkarte.
Färbe die Kugeln im Beutel so,
dass du sicher gewinnst.

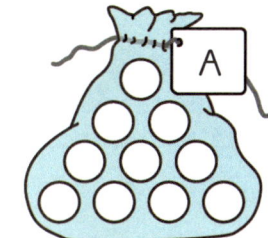

2  Das ist deine Gewinnkarte.
Färbe die Kugeln im Beutel so,
dass deine Chancen zu gewinnen oder
zu verlieren gleich groß sind.

3  Das ist deine Gewinnkarte.
Färbe die Kugeln im Beutel so,
dass es für dich unmöglich ist
zu gewinnen.

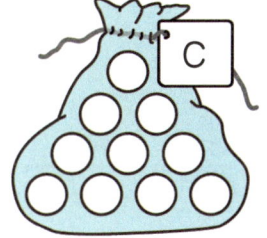

4 Gelb gewinnt! Färbe die Kugeln in den Beuteln passend.

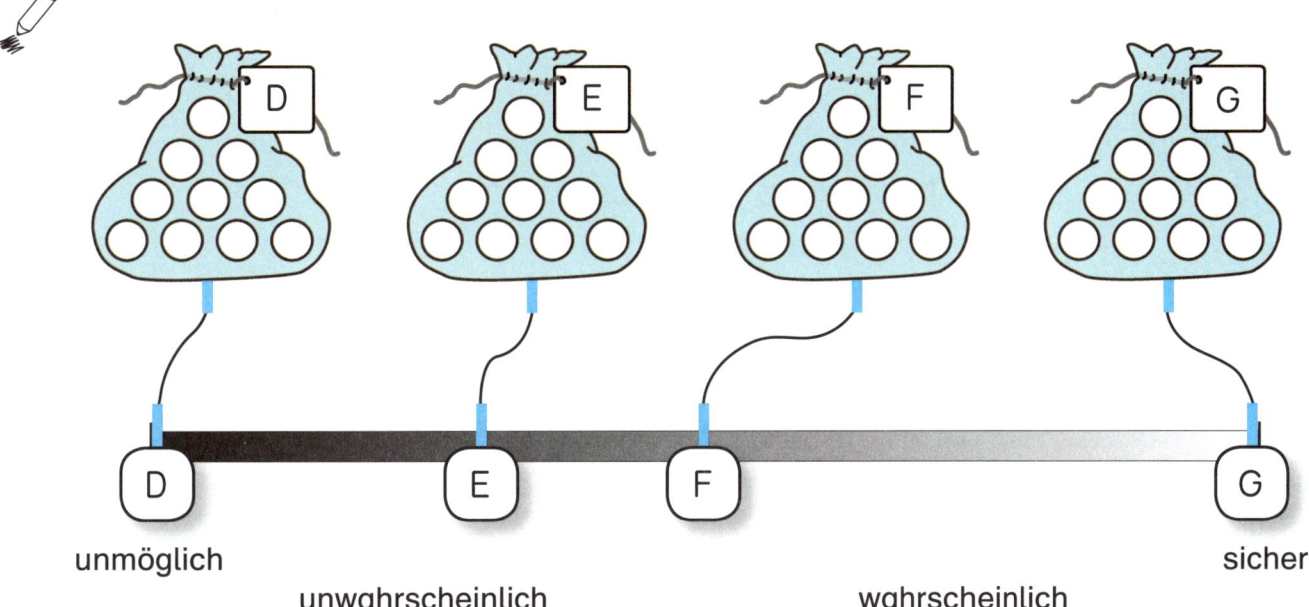

unmöglich — unwahrscheinlich — wahrscheinlich — sicher

1 bis 3 Entscheidungen begründen lassen. Die Anzahl der grünen Kugeln im Beutel ist entscheidend (alle / gleich viele / keine).

Zeit — Sekunden

1

Diese Uhren zeigen auch die Sekunden (s) an.

a) Mit der Stoppuhr wurden beim 50-Meter-Lauf _____ s gemessen.

b) Die Bahnhofsuhr zeigt 18.49 Uhr und _____ s.

c) Die Armbanduhr zeigt 10.08 Uhr und _____ s.

2 Lies die Sekunden (s) von der Stoppuhr ab.

a)   b)  c)  d)

_____ s   _____ s   _____ s   _____ s

e)  f)  g)  h)

_____ s   _____ s   _____ s   _____ s

3 Miss die Zeit mit einer Stoppuhr. Wie viele Sekunden brauchst du, ...

a) ... um deinen Namen zu schreiben?   _____ s

b) ... um bis 30 zu zählen?   _____ s

c) ... um die 5er-Reihe aufzusagen?   _____ s

Eine Minute hat 60 Sekunden.

1 Minute = 60 Sekunden   1 min = 60 s

Zeit — Sekunden

1 Beim Sportfest. Ergebnisse des ersten 50-m-Laufes.

Zeit in s:

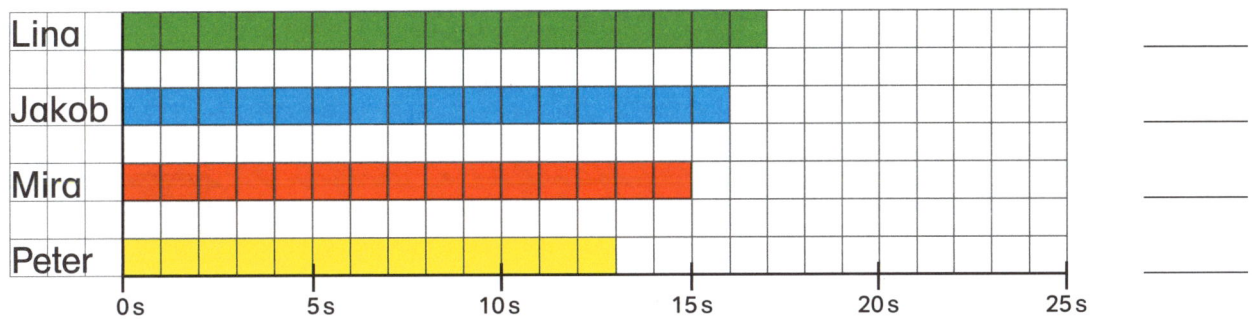

a) Wer ist am schnellsten gelaufen? _____

b) Wer ist am langsamsten gelaufen? _____

2 Beim Sportfest. Ergebnisse des zweiten 50-m-Laufes.

Zeit in s:

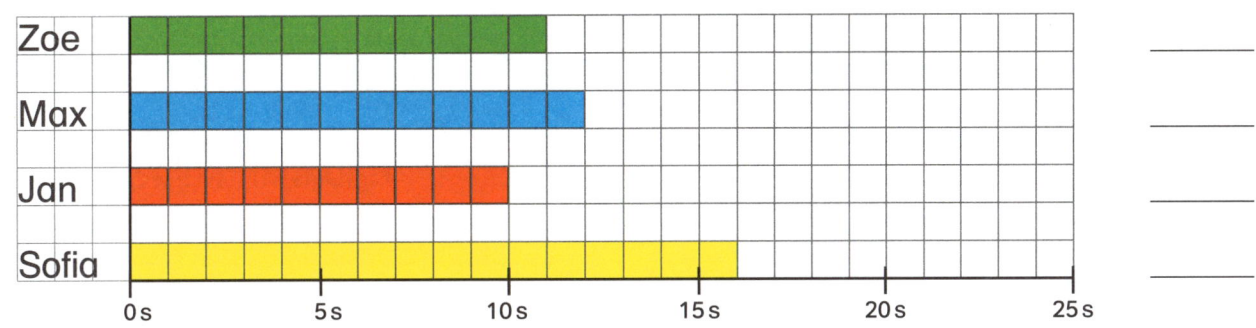

a) Wer hat den Lauf gewonnen? _____

b) Wer ist auf den zweiten Platz gelaufen? _____

c) Wer belegt den letzten Platz? _____

3 Viele Angaben. Immer zwei Angaben sind gleich.
Färbe gleiche Angaben mit derselben Farbe.

| 60 Sekunden | 1 Woche | 24 Stunden | 7 Tage |

| 1 Stunde | 1 Jahr | 1 Minute | 1 Monat |

| 1 Tag | 12 Monate | 60 Minuten | 30/31 Tage |

Rauminhalt

1 Tom und Luisa haben beide eine Kiste.
In welche der beiden Kisten passen mehr Würfel?

Das ist Toms Kiste:

Das ist Luisas Kiste:

Tom beginnt.
Er legt drei Würfel in eine Reihe.

Tom legt Reihen, bis die Kiste voll ist.

Es sind 5 Reihen mit jeweils 3 Würfeln.

5 · 3 = 15

Rauminhalt: 15 Würfel

Dann legt Luisa Würfel.
Sie legt ___ Würfel in eine Reihe.

Luisa legt Reihen, bis die Kiste voll ist.

Es sind ___ Reihen mit jeweils ___ Würfeln.

___ · ___ = ___

Rauminhalt: ___ Würfel

2 Richtig oder falsch? Kreuze an.

	richtig	falsch
a) In Luisas Kiste passen mehr Würfel als in Toms Kiste.	☐	☐
b) In Luisas Kiste passen weniger Würfel als in Toms Kiste.	☐	☐
c) Toms Kiste hat einen Rauminhalt von 16 Würfeln.	☐	☐
d) Luisas Kiste hat einen Rauminhalt von 16 Würfeln.	☐	☐
e) Im Vergleich hat Luisas Kiste den größeren Rauminhalt.	☐	☐

1 Gegebenenfalls Kisten schrittweise mit Holzwürfeln auslegen.

Rauminhalt

Wie viele Würfel passen in die Kisten?
Bestimme den Rauminhalt der Kisten.

1

Es sind 3 Reihen mit jeweils ___ Würfeln.

3 · ___ = ___

Rauminhalt: ___ Würfel

2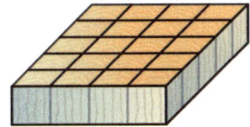

Es sind 5 Reihen mit jeweils ___ Würfeln.

5 · ___ = ___

Rauminhalt: ___ Würfel

3

Es sind ___ Reihen mit jeweils ___ Würfeln.

___ · ___ = ___

Rauminhalt: ___ Würfel

4

Es sind ___ Reihen mit jeweils ___ Würfeln.

___ · ___ = ___

Rauminhalt: ___ Würfel

5

Es sind ___ Reihen mit jeweils ___ Würfeln.

___ · ___ = ___

Rauminhalt: ___ Würfel

1 bis 5 Einen Weg zum Ermitteln des Rauminhalts sprachlich begleiten: Erst die Anzahl der Reihen, dann die Anzahl der Würfel in jeder Reihe betrachten, dann multiplizieren.

Rauminhalt

1 Ella hat eine Kiste. Wie viele Würfel passen hinein?
Bestimme den Rauminhalt ihrer Kiste.

Ella legt 3 Würfel in eine Reihe.

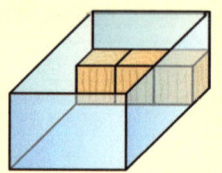

Ella legt weitere Reihen,
bis die untere Schicht der Kiste voll ist.
Es sind 5 Reihen.
5 · 3 = ___
Es sind ___ Würfel in einer Schicht.

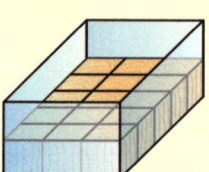

Ella legt eine zweite Schicht.
Dann ist die Kiste voll.
Also: 15 + 15 = ___
Es sind ___ Würfel in der Kiste.
Rauminhalt: ___ Würfel

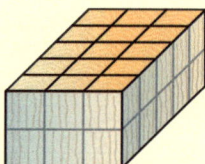

2 Bestimme den Rauminhalt der Kisten.

a) Es sind ___ Reihen mit jeweils ___ Würfeln.
___ · ___ = ___
Es sind ___ Würfel in einer Schicht.
Es sind ___ Schichten.
Also: ___ + ___ = ___
Rauminhalt: ___ Würfel

b) Es sind ___ Reihen mit jeweils ___ Würfeln.
___ · ___ = ___
Es sind ___ Würfel in einer Schicht.
Es sind ___ Schichten.
Also: ___ + ___ = ___
Rauminhalt: ___ Würfel

1 und 2 Einen Weg zum Ermitteln des Rauminhalts sprachlich begleiten.

Rauminhalt

1 Bestimme den Rauminhalt der Kisten.

a) Es sind ___ Reihen mit jeweils ___ Würfeln.

___ · ___ = ___

Es sind ___ Würfel in einer Schicht.

Es sind ___ Schichten.

Also: ___ + ___ + ___ = ___

Rauminhalt: ___ Würfel

b) Es sind ___ Reihen mit jeweils ___ Würfeln.

___ · ___ = ___

Es sind ___ Würfel in einer Schicht.

Es sind ___ Schichten.

Also: ___ + ___ + ___ = ___

Rauminhalt: ___ Würfel

2 Bestimme den Rauminhalt der Kisten.

a) Es sind ___ Reihen mit jeweils ___ Würfeln.

___ · ___ = ___

Es sind ___ Würfel in einer Schicht.

Es sind ___ Schichten.

Also: ___ + ___ = ___

Rauminhalt: ___ Würfel

b) Es sind ___ Reihen mit jeweils ___ Würfeln.

___ · ___ = ___

Es sind ___ Würfel in einer Schicht.

Es sind ___ Schichten.

Also: ___ + ___ + ___ = ___

Rauminhalt: ___ Würfel

Orientierung im Grundriss

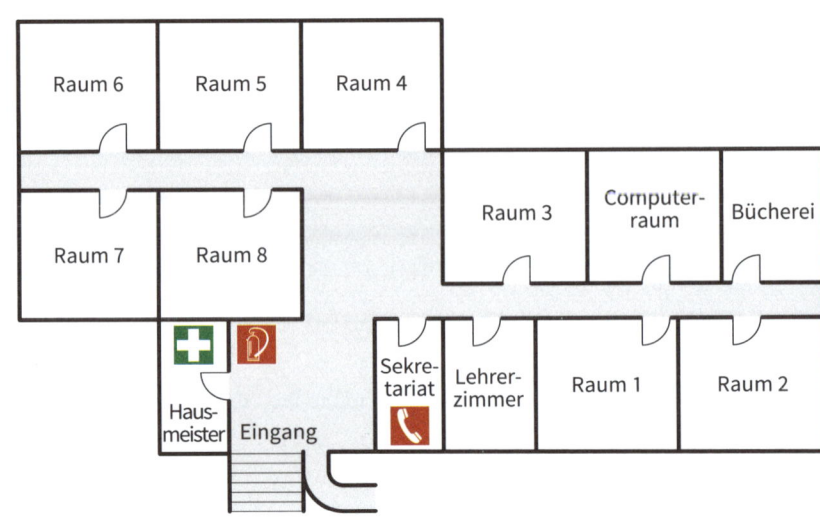

1 Zeige im Grundriss der Schule …

a) … das Lehrerzimmer. b) … die Bücherei. c) … den Raum 6.

2 Richtig oder falsch? Kreuze an.

                                                            richtig falsch

a) Das Lehrerzimmer befindet sich neben Raum 6.

b) Das Lehrerzimmer befindet sich neben Raum 1.

c) Die Bücherei befindet sich neben dem Computerraum.

d) Die Bücherei befindet sich gegenüber von Raum 2.

e) Der Raum 7 befindet sich gegenüber von Raum 2.

f) Der Raum 7 befindet sich gegenüber von Raum 6.

3 Die Kinder betreten die Schule durch den Eingang.
Wer hat vom Eingang aus den kürzeren Weg zu seinem Raum?
Zeichne die Wege oben in den Grundriss ein.

Den kürzeren Weg hat _____.

[1] Die Ergebnisse durch das Markieren der Räume mit einem roten Punkt sichern.

Orientierung im Grundriss

Wohin gehen die Kinder?
Zeichne jeweils den Weg im Grundriss der Schule ein.

1 Merle verlässt den Raum 2 und geht nach links.
Sie geht an Raum 3 vorbei und wendet sich nach rechts.
Merle läuft geradeaus auf eine Tür zu. Es ist die Tür von Raum ___.

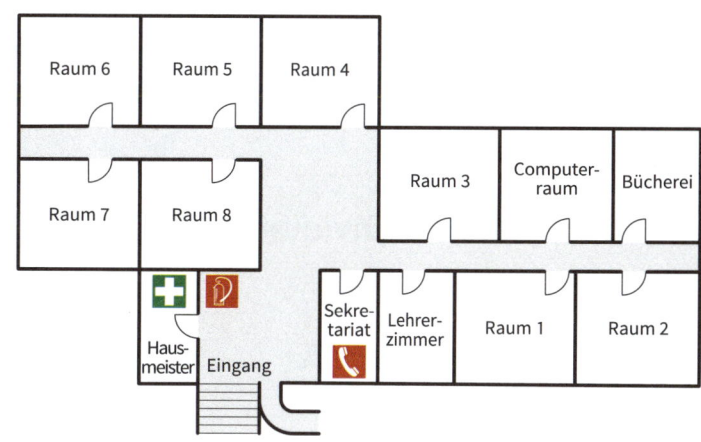

2 Frau Bach verlässt das Sekretariat und geht geradeaus auf den Flur.
Vor Raum 4 wendet sie sich nach links.
Sie geht weiter geradeaus bis zur 2. Tür links. Es ist die Tür von Raum ___.

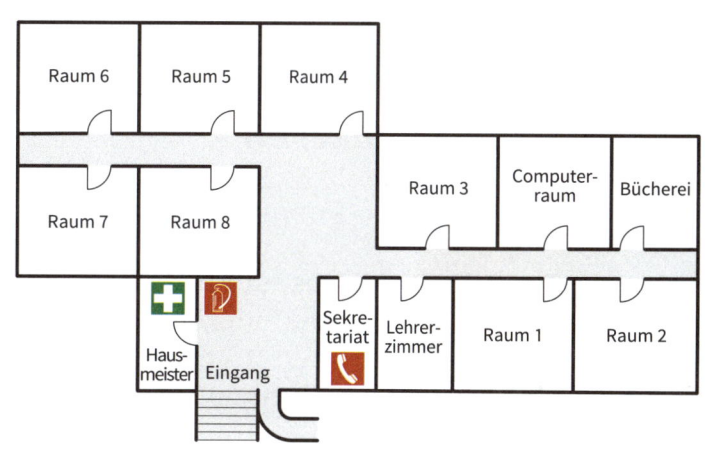

3 Emil verlässt den Raum 6 und geht nach links.
Emil geht an Raum 8 vorbei und wendet sich nach rechts.
Emil läuft geradeaus auf den Eingang zu.
Rechts neben dem Eingang ist die Tür zum Raum des _____.

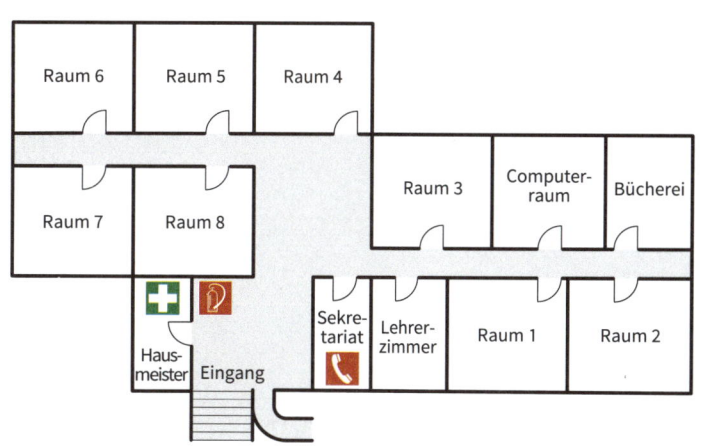

1 bis **3** Beim Einzeichnen der Wege die Perspektive der Personen einnehmen.

Merkseite

Fachbegriffe

| · malnehmen multiplizieren | + plus rechnen addieren |
| : teilen dividieren | − minus rechnen subtrahieren |

Schriftliches Dividieren

```
T H Z E
  · ·     · · ·
2 8 3 2 : 3 = 9 4 4
2 7
  1 3
  1 2
    1 2
    1 2
      0
```

Zuerst die Hunderter dividieren,
dann multiplizieren und subtrahieren.

Dann die Zehner nach unten holen und dividieren,
wieder multiplizieren und subtrahieren.

Zuletzt die Einer nach unten holen und dividieren,
wieder multiplizieren und subtrahieren.

Wahrscheinlichkeiten

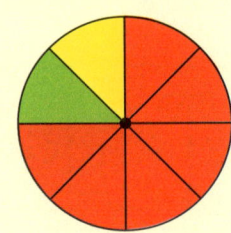

Rot gewinnt. Das ist ☐ unmöglich, ☒ möglich, ☐ sicher.

Das ist

unmöglich   möglich   sicher.
   unwahrscheinlich   wahrscheinlich.

Rauminhalt

Es sind 4 Reihen mit jeweils 3 Würfeln.
Also: 4 · 3 = 12

Es sind 12 Würfel in einer Schicht.
Es sind 3 Schichten.
Also: 12 + 12 + 12 = 36
Rauminhalt: 36 Würfel

Zeit

Eine Minute hat 60 Sekunden.

1 Minute = 60 Sekunden

1 min = 60 s